NEW YORK N.Y.

Porträt einer Weltstadt
Photographiert von Hilla und Max Jacoby
Mit einem Essay von Thilo Koch

Hoffmann und Campe

Vorwort

New York – das ist für einen Fotografen nicht einfach ein Thema, es ist eine Herausforderung. Wenn man all dem willig folgt, was diese Stadt anbietet, so läuft man sehr schnell Gefahr, sich totzulaufen. Immer wieder rennt man etwas Neuem hinterher, immer wieder ereignet sich hier und dort etwas ganz unvorstellbar Wichtiges, Interessantes, Aufregendes. Da gibt es kein Gebiet, welcher Art auch immer, auf dem nicht irgend etwas »los« ist.

New York ist die Stadt des Welthandels, des Big Business wie auch die Stadt der »Spinner« und Ausgeflippten. Es ist die Stadt der Mode wie auch der Jeans und derer, die alle äußeren Werte souverän mißachten. Die Stadt der Juwelenträger und der Juwelenverkäufer, der superteuren Restaurants wie der Coffee-shops und Brezelkarren an der Straßenecke. Nirgendwo bekennen sich Homosexuelle so offen und versinken so viele Menschen in Apathie und Drogenabhängigkeit. New York ist die Stadt der Aufsteiger und derer, die aus höchster Höhe plötzlich in die Tiefe abstürzen, der Gewinner und Verlierer, die Stadt der ewig Suchenden, der Optimisten und der Pessimisten, der Einsteiger und Aussteiger und derer, die ihr Leben lang vor den erleuchteten Fenstern stehen und die Tür nicht finden, um ebenfalls hineinzukommen. Es ist die Stadt des Übermutes und der Verzweiflung, des Reichtums und der Armut (manchmal nur einen einzigen Häuserblock voneinander entfernt). New York, das ist Hektik und Gelassenheit gleichermaßen. Und es ist die Stadt der Kultur, Wissenschaft, Bildenden Kunst, Musik, des Balletts, der Theater, Museen – und der Subkultur... New York ist die Stadt der Verbrecher wie auch der Missionare, die ebenfalls auf den Straßen zu finden sind und mit großem persönlichem Einsatz das Evangelium, »Die gute Nachricht« verkünden. Liebe und Haß, Ordnung und Chaos – alles ist hier dicht beieinander zu finden.

New York ist aus der Sicht eines Fotografen, der Material für einen Bildband sammelt, eigentlich eine Unmöglichkeit, wenn er nicht sein ganzes Leben dieser Stadt geben will. (Oder: Wenn man nicht bis ans Ende seiner Tage mit dieser Stadt beschäftigt sein will.) Die Vitalität dieser Stadt wäre auch in 50 Bildbänden nicht befriedigend wiederzugeben. Dieser Erkenntnis folgend, beschlossen wir, mit dem ersten Annäherungsschritt zu beginnen. Und das heißt, wir tasten uns langsam an das Wesen dieser Stadt heran, gleichwohl kann uns kaum mehr gelingen, als die Fassade festzuhalten und ein klein wenig neugierig auf das zu machen, was man dahinter vermuten kann.

So entstand das Porträt einer Stadt, das – ähnlich wie beim Porträt eines Menschen – nur die Charakteristika, die das Gesicht prägen, festhält. Dieses Buch erzählt keine Insiderstory. Jeder Fotograf wird sich auf das konzentrieren, wonach er selber sucht. Und das ist auch der Grund, weshalb das hier vorliegende Porträt sicher freundlicher ausfällt, als sich kritische Menschen New York vorstellen. Aber so, wie es keinen Menschen gibt, in dem nicht trotz aller Verlassenheit, Verzweiflung oder Verkommenheit immer noch etwas von seinem göttlichen

Ursprung zu finden ist (falls man danach sucht!), so gibt es auch keine Stadt, in der nur Negatives, Kompliziertes, Verrücktes oder Abstoßendes zu erleben und zu sehen ist.

Die eigentliche Herausforderung bei dieser Fotoarbeit lag darin, daß wir uns auf die angebotene Fassade konzentrieren mußten, um uns nicht in der unendlichen Vielfalt der Möglichkeiten zu verirren. Denn diese Stadt bietet wahrhaftig unbegrenzte Interpretationsmöglichkeiten. Dieses Buch also liefert nur einen Teilaspekt, es kann nicht anders sein. Aber wir wünschen uns, daß es eine Anregung für den Betrachter sein möge, selbst mehr entdecken zu wollen und hinter die Fassade zu schauen. Jeder wird das Seine finden in dieser schrecklich schönen Stadt.

Hilla Jacoby

Vorwort

Diese bizarre Stadt ist seit vielen Jahren meine »geistige« Heimat. Impulse, Anregungen und Lebensstil sind mir nicht nur vertraut, sondern zu meinem eigenen Lebensstil geworden. Lange Strecken meines Lebens habe ich in New York verbracht, und meine Existenz dort hat meine Identität geprägt, hat mir zu Harmonie und Selbstverständlichkeit verholfen. Ich bewegte mich auf der Wellenlänge der New Yorker, ich selbst wurde New Yorker. Und blieb es selbst dann, wenn ich wiederum in anderen Städten lebte und arbeitete: das Newyorkerische behielt ich bei. Die Fähigkeit ist da, immer und ewig wie ein Kind staunen zu können. Augen und Ohren sind immer hellwach für die Farben und Formen und Lichter, Bewegungen und Menschen jeder Art, Lärm, Tempo, grelle Farben, aber auch Stille. Das alles rumort in einem und verselbständigt sich. Man schöpft dauernd Kraft in New York und kann diese weitergeben an andere. Nehmen und Geben, weiterreichen. Man ist inspiriert und inspiriert andere. Kontraste überall: hell und dunkel, schwarz/weiß, hoch/niedrig, laut/leise, mächtig/gering, arm/reich, schmuddelig und sauber... Immer Kontraste, d. h. Spannungen jeder Art, und aus all dem entstehen freie Energien, Lebensfreude. Entstehen Lebensbejahung und Zufriedenheit mit der eigenen Existenz, welche zu einem Teil eines großen Ganzen wird.

Diese Zusammenhänge mögen kompliziert erscheinen, werden bei meditativer Betrachtung jedoch ganz einfach: New York ist einfach so, wie das Leben ist, sich immer nur verändernd und nie verharrend, es ist voller Prüfungen und Gefahren, die man bestehen wird und aus denen man Kraft schöpft, Jugendlichkeit, Schöpferisches, Vorwärtsbewegung.

Sporadisch fotografierte ich schon immer in dieser Stadt, nie mit einer bestimmten Aufgabe, stets waren es »Momentaufnahmen« des Lebens hier. Jahrelang. Es ist und war ein beschwingtes Unterfangen, und so blieb es, bis...

...die Aufgabe sich stellte, ein Buch daraus werden zu lassen. Also Geordnetes und Gezieltes zu schaffen mit dem Versuch, all diese Erfahrungen und Eindrücke an den Betrachter weiterzugeben. Dieses visuelle Abenteuer wurde wie bei den anderen Büchern zusammen mit meiner Co-Autorin und Ehefrau Hilla unternommen. Wir erlebten diese Dinge ungefähr parallel, und so ergeben sich keinerlei Zwiespältigkeiten auf der kreativen Ebene. Dennoch spreche ich naturgemäß für mich selbst.

Zunächst fühlte ich immer wieder die Beklemmung, ob man dieses Phänomen New York wird fotografisch in den Griff bekommen können. Welchen Weg wird man beschreiten, um es zu schaffen? Ich hoffe, die Bilder sprechen für sich. Wir lieben diese grausam-freundliche Stadt. Wir gingen einfach ran ans Werk, zu Fuß, per Auto, Fähre, Subway, etc., und sammelten und sammelten alle unsere Eindrücke und Erfahrungen und setzten sie in Bilder um. Mit Freude und mit Konzentration ging es täglich einige Schritte weiter. Wir fügten zusammen, schieden aus, planten und verwarfen wieder. Um dies dann auch technisch zu schaffen, werden meist 2 SLR-bodies mitgenommen und eine Palette von Objektiven beginnend bei 20 mm über 35 mm, 50 mm, 85 mm bis 210 mm, selten länger. Der Motor ist auf »winder« geschaltet, und die Kamera braucht nie vom Auge genommen zu werden. Wir wollen uns das »Fotografenleben« so weit wie möglich erleichtern, damit wir so wenig wie möglich an die Technik denken müssen und so viel wie möglich an unser Motiv. Wir verwenden gern und oft die nunmehr perfekt auszeichnenden Zoomlenses, meistens in den Bereichen 70–210 mm. Wir verwenden ausschließlich Umkehrmaterial einer einzigen Marke, jedoch aller verfügbaren Empfindlichkeiten, je nach Bedarf. Dieselbe Marke erlaubt das Durchhalten einer einzigen und von uns erwünschten Farbpalette. Wir verwenden so gut wie nie ein Stativ.

Diese technischen Angaben erfolgen nur deswegen, um dem interessierten Betrachter zu zeigen, daß wir gehalten sind, »kleine« Mittel in der Produktion zu benutzen. Und nochmals, die technische Seite soll zwar erwähnt werden, jedoch ohne »technische Philosophie«, so simpel wie nur möglich. Damit wir uns eben mit all unseren Sinnen auf das Wichtigste konzentrieren können, auf unser Bildmotiv. Ich hoffe, daß der Leser, zwar mit unseren Augen gesehen und dann interpretiert, »sein eigenes« New York in diesem Bildband wird finden können.

Max Jacoby

City of the Cities

Die Frau fünf Schritte vor mir trägt ein weißes Kleid mit Faltenrock. Es ist heiß und feucht an diesem Sommertag in New York City. Sie läuft über einen der vergitterten Luftschächte der Subway. Ich höre unter uns einen Zug kommen. Der Rock der Frau bauscht sich im Luftstrom wie ein Spinnaker, sie lacht. Déjà vu? Ja: Marilyn Monroe in »The Seven-Year Itch«, »Das verflixte siebente Jahr«. Norman Mailer hat die Szene in seiner Marilyn-Monroe-Biographie beschrieben: »Oh«, sagt sie mit einer Stimme wie Betty Boop, »ich bewahr meine Wäsche immer im Kühlschrank auf.« Später steht auf dem Times Square eine fünfzehn Meter hohe Silhouette von Marilyn mit Flatterrock.

Nach dem Abendessen gehe ich gern noch auf einen Drink zu Johnnie's, beim »Summit« um die Ecke, da ist es ziemlich leer um diese Zeit, fast so leer wie die Bar auf dem Bild »Nachtvögel« von Edward Hopper, das für mich ein Stück New York ist. Ich lese W. H. Auden's »Age of Anxiety« und empfinde: Dieselbe New Yorker Bar ist das, in der sie vom »Zeitalter der Angst« reden. »Yes Sir«, sagt Johnnie und schaut mich fragend an. Aber er weiß schon: »Manhattan on the rocks«.

Im Drugstore gegenüber kaufe ich mir das dicke Ringheft mit den linierten Einlagen, auf die ich meine Artikel und Kommentare und Notizen und Briefe schreibe – überall, wo ich gerade bin. Aus den Blättern steigt ein Geruch auf, der mich immer an New York erinnern wird – eine Mischung aus Kartoffelchips, Palmoliveseife, ewig brodelndem Kaffee, Orange-Juice, Staub und wer weiß was. Ich frühstücke gern in diesem Drug, wenn ich's eilig habe, zu einer Fernseh-Aufnahme zu kommen, einer nach Deutschland geschalteten Radioleitung, einer Sitzung bei den Vereinten Nationen im Glashaus am East River, fünf Blocks von hier, First Avenue. Auch weil es billig ist und die dicke Mami hinterm Tresen aussieht wie Ella Fitzgerald.

Auf der kleinen Eisfläche, Mittelpunkt des Rockefeller-Center, immer um 6 Uhr abends, sehe ich das kleine Mädchen im knallroten Röckchen, mit immer den gleichen Schwüngen, die immer zur selben Pirouette führen. Aus den scheppernden Lautsprechern der Walzer der Nußknackersuite. Und immer um 6.30 Uhr die Frau im Fuchspelz, die dem Kind einen schwarzen Mantel umlegt. Ich habe um diese Zeit im RCA-Building bei NBC meine Leitung nach Hamburg und schaue der kleinen blonden Sonja Heny ein paar Minuten zu. Über uns zwischen den Wolkenkratzern der Nachthimmel, dessen Sterne überstrahlt sind von den Milliarden Watt der Lampen von Manhattan.

Sabina Lietzmann hat ihr Apartment im Basement eines alten Hauses in Greenwich Village bezogen. Durchs offene Fenster zum kleinen Hof hin kann die Katze herein- und hinausspringen. Wir haben beide Heimweh nach Berlin, wo wir unsere journalistischen Lehrjahre verbrachten. Sie fängt gerade an in Amerika, ich habe schon ein bißchen Boden unter den Füßen. Wie lange werden wir das machen? Kann man es schaffen? »Über New York zu schreiben heißt Zeichen in den Sand zu malen. Der Wind des Wandels verweht, was gestern noch auszumachen war.« So beginnt Sabinas schönes Buch über New York »Die wunderbare Katastrophe«. Die Autorin beschreibt darin dieses Apartment. Das Fenster zum Hof ist vergittert, die Eingangstür dreifach gesichert. Die Wohnung gleicht einer Festung gegen die Einbrecher, Räuber, Mörder New Yorks. Und doch, eines Nachts schreckt sie auf, es hat geklirrt und gepoltert – ein Bild ist von der Wand der Diele gefallen.

Als ich sie neulich, Freitagabend, treffen will, bekomme ich sie unter ihrer zweiten Nummer ans Telefon, sie fährt übers lange Weekend immer in ihr Häuschen in Upstate New York. »Ich habe gerade Waschbären vorm Fenster«, sagt sie. »Ich bin zufrieden, werde in Amerika bleiben.« – »Ist das die einzige Art, wie man New York noch ertragen kann, die City hinter sich lassen, so oft es geht?« – »Jedenfalls ist es die angenehmste Art. Aber ertragen? Ich liebe ja New York.«

Man kann die Stadt lieben, man kann die Stadt hassen, nur gleichgültig kann man nicht sein ihr gegenüber. Alle sagen sie das, jeder in seinen Worten, alle, die über New York geschrieben haben: Herman Melville und Walt Whitman, Henry James und Mark Twain, Eugene O'Neill und Theodore Dreiser, Scott Fitzgerald und Dos Passos, Thomas Wolfe und James Thurber, Henry Miller und Truman Capote, Damon Runyon und Norman Mailer. Und ich? Liebe ich denn New York oder hasse ich es? Es wechselt. Und das hängt ab von Tageszeit und Jahreszeit, vom Ort und von der Gesellschaft, in der ich gerade bin, von meiner Aufgabe, meiner Stimmung, meinen inneren Widerstandskräften. Diese Stadt fordert dich, und wenn du nicht bestehst, läßt sie dich fallen. Jedes Urteil über New York ist subjektiv. New York entzieht sich allen Maßstäben, weil Amerikas Metropole nie zweimal dasselbe Gesicht zeigt. Ja, und weil man selbst hier nie ein und derselbe Mensch ist.

»Feeling Is Believing«, spielt Errol Garner in der Basinstreet East. Fühlen macht glauben, verstehen. Fühle ich New York? Hier in dieser Bar, wo man stehend den Großen des Jazz zuhört: ja. »You Turn Me Around« – Errol wischt sich mit einem großen weißen Taschentuch den Schweiß von der Stirn. Seine Titel, sein harter Anschlag, sein motorischer Rhythmus – das ist New York.

Wir haben uns am »Museum of Modern Art« verabredet. Norman steht schon da in einem blauen Stormcoat mit grauem Pelzkragen. Die ersten Dezembertage können in New York schon ganz schön kalt sein. Es ist Sympathie auf den ersten Blick. Wir gehören derselben Generation an. Beide haben wir uns vom Kriegserlebnis mit einem Roman befreien wollen. Seiner, »Die Nackten und die Toten«, wurde ein Welterfolg.

Norman Mailer hat einen festen Händedruck. Er lacht gern, eine Mimik, bei der seine blauen Augen fast verschwinden. Er beginnt sofort zu reden. Es fällt nicht ganz leicht, ihm zu folgen, denn er liebt ironische Anspielungen, zynische Wendungen. Aber man kann jederzeit und immer wieder in sein Lachen einfallen, er freut sich, wenn man komisch findet, was er sagt. Er lädt mich ein, einmal zu ihm zu kommen.

Ich habe gelernt, auf dem Stadtplan jede New Yorker Adresse schnell zu finden. Es ist bei der schachbrettartigen Anordnung der Straßen ganz leicht. Ich fahre mit dem Bus zur Lower Eastside, dem jüdischen Viertel an der Williams-Bridge, die von Manhattan nach Brooklyn hinübergeführt. »Da drüben bin ich aufgewachsen«, sagt Mailer. »Meine Großeltern kamen aus Rußland. Zwischendurch waren sie noch in Südafrika.« Er wohnt Pitstreet Nummer 14. Das Zwei-Zimmer-Apartment im fünften Stock sieht nicht gerade nach der Residenz eines Bestsellerautors aus.

Nach all dem Dreck auf der Straße und im finsteren Treppenhaus wirkt die Wohnung sauber. Küche und Bad, alles sehr klein. In einem Zimmer ein Tisch mit einer Atelierlampe und zwei alte Plüschsessel. An der Wand das Bild einer Frau, in Öl gemalt. »Ich bin von ihr geschieden. Lebe jetzt hier mit einem Girl.« Im anderen Zimmer nichts als ein Doppelbett, dazu ein eingebauter Wandschrank. »Mehr braucht man nicht, you know«, er grinst vielsagend. Wir trinken in der Küche stehend einen Kaffee. Der Blick aus dem Fenster bietet vor allem eiserne Feuerleitern.

Er zeigt mir die Orchard Street, wo die jüdischen Schneider und kleinen Textilkaufleute ihre Läden haben. »Hier haben sie alle angefangen, die Kaufhauskönige«, sagt Mailer. »Macy und Sack und Lerner. Es ist ein Stück Israel mitten in New York City.« Wir kommen zur Bowery, trinken in einer der Bars ein Büchsenbier »Schlitz, that makes Milwaukee famous«. Da hängen sie am Tresen, schlafen mit den Köpfen auf den verschränkten Armen an dreckigen Tischen, die »Bums«, die menschlichen Wracks, der *trash* dieser wenige Blocks von hier auf Hochglanz getrimmten Zivilisation. In Toreinfahrten liegen sie, obwohl wir Minustemperaturen haben. »Ein paarmal Heilsarmee, und dann hier erfrieren«, ist Mailers Kommentar.

Wir verabschieden uns. »Grins noch mal so schön, Norman«, sage ich. »Keiner kann das so gut wie du.« Er tut mir den Gefallen, zerquetscht mir die Hand, mein Bus kommt, fährt an, er winkt, ich sehe ihn über die Straße gehen, Kopf in die Schultern gezogen, die Hände tief in den Stormcoat-Taschen.

Später lese ich die Schlagzeile: »Norman Mailer verletzt Geliebte lebensgefährlich mit Messer.« Ich denke, es könnte in jener Wohnung passiert sein. Die Frau überlebte und verzieh ihm. Er wird in eine Nervenklinik eingewiesen und kommt, dank mildernder Umstände, mit einem blauen Auge davon. Später kandidiert er fürs Amt des Bürgermeisters von New York. Er meint es ernst. Auch wenn er über alles lacht.

Meltingpot New York, Schmelztiegel – um diese Stereotype kommt keiner herum, der dieses »hundertfache Babylon«, diese »City of the Cities«, dieses »Fenster zur Hölle«, diesen »Mythos unserer Zivilisation« beschreiben will. Stimmt er, der Slogan vom Schmelztiegel? Ja und nein. »Das Gegenteil ist auch wahr«, schrieb Robert Musil. Er könnte New York damit gemeint haben. Eine Stadt, die nicht nur Namen einschmilzt. Sie macht *american citizens* aus Italienern und Iren, Juden und Deutschen, Osteuropäern, Skandinaviern, Chinesen. Sie alle kamen einst an auf Staten Island und wurden feierlich begrüßt von der Freiheitsstatue, Symbol einer Neuen Welt, in der die Worte der Constitution gelten sollten: Jeder Mensch ist frei geboren und hat sein persönliches Recht auf Glück. Die jüdische Immigrantin Emma Lazarus schrieb im Jahre 1883 ihr berühmtes Sonett: »Give my your tired, your poor, your huddled masses yearning to breathe free...«

Bei Gründung der USA 1776 hatte New York knapp 30 000 Einwohner. Schafe und Ziegen weideten, wo heute der Central Park von der Fifth Avenue flankiert wird. Im Jahre 1800 sind es immer noch nicht mehr als 60 000 Menschen, die Manhattan bevölkern, die Hälfte jetzt englischen Ursprungs. Knapp 200 Jahre früher, 1626, hatten Holländer die erste Bootsladung von 200 Leuten zu der Halbinsel gebracht, die sie kurzerhand Neu-Amsterdam nannten, es waren vor allem protestantische Franzosen. Im 19. Jahrhundert erst kommt es zu den Masseneinwanderungen aus Irland – nach der Hungerkatastrophe 1846 bis 1850 – und aus Deutschland, nach der gescheiterten Revolution 1848. Nach 1880 kommen Hunderttausende Italiener und Osteuropäer. 1900 ergibt die Volkszählung 3 437 200 Einwohner für die fünf Boroughs, die Verwaltungsbezirke von Groß-New-York: Staten Island, Manhattan, The Bronx, Queens, Brooklyn.

Schmelztiegel? In der ersten Generation bleiben die diversen ethnischen Gruppen fast ganz unter sich, zum Teil auch später. New York ist von Anbeginn eine Multi-Kultur. Hier ist es keine Schande, gebrochen englisch zu sprechen. Spanisch, jiddisch, italienisch, polnisch, chinesisch sind auch heute in den betreffenden Stadtvierteln zu hören. Am raschesten assimilieren sich die Deutschen. »German atmosphere« erhält sich in Yorkville, zwischen Zweiter und Dritter Avenue, bei der 86. Straße, dem »Deutschen Broadway«, aber die Traditionspflege wirkt eher komisch und krampfhaft – im Café Tannenberg, bei »Lilli Marleen«, dem Familienlokal »Linde« mit »Koffiklatsch«. Bei der alljährlichen Steuben-Parade wird auf einem riesigen Spruchband in gothischen Lettern erinnert: »Deutschlands geistiger Beitrag zu Amerikas Größe.«

1890 war jeder dritte New Yorker ein Ire. Sie blieben zunächst in der Lower Eastside von Manhattan, nicht weit von den Docks und Anlegeplätzen, wo sie ankamen und gleich ihre Pubs vorfanden und in den Restaurants ihr Stew. Die Irish-Americans verstärkten das römisch-katholische Element in New York beträchtlich. Alljährlich erinnern sie sich und New York an ihre unvergessene Heimat Irland: Mit der großen Parade am St.-Patrick's Day, irisches Grün beherrscht dann den Broadway. Der irische Nationalismus wird womöglich noch übertroffen durch den polnischen. Auch er präsentiert sich in einer Parade an jedem ersten Sonntag im Oktober. Die 70 000 Chinesen New Yorks – sie kamen zumeist aus Kanton, nach dem chinesischen Bürgerkrieg – konzentrieren sich in Chinatown, ganz im Süden Manhattans, dicht am Hudson.

In New York leben fast so viele Italiener wie in der italienischen Hauptstadt, in Rom. Ihre Bindungen an ihre Heimatprovinzen in Sizilien oder im armen Mezzogiorno sind nie ganz abgerissen. Seit langem fließt private Entwicklungshilfe von New York zur armen, oft rückständig lebenden Verwandtschaft in Italien. Von Chinatown aus nordwärts, in der Mulberry-Street, gleicht Manhattan einem Stück Süditalien: Makkaroni, Salami und Olivenöl auf dem Ladentisch. Espresso trinkt man auf der Straße, und in vielen Schaufenstern stehen Madonnen und Heiligenbilder. Die wohlhabenden Auswanderer aus Norditalien bleiben in Greenwich Village. Wer es zu etwas gebracht hat in der Neuen Welt, bezieht ein Häuschen in den italienischen Quartieren von Queens oder Staten Island.

Zwischen 1880 und 1920 kamen ganze Arbeiterheere aus Italien nach New York.

Sie bauten die Subway und viele der Skyscrapers der New Yorker Gründerzeit. Noch heute beherrschen italienische Familien das Baugewerbe, die Müllabfuhr, Teile des Transportwesens in New York. Der inneramerikanische Flughafen von New York heißt »La Guardia«, nach Fiorello La Guardia, der von 1934 bis 1946 Bürgermeister von New York war. Die Italiener meinen, er war der beste, den die Stadt je hatte, ein Selfemademan nach dem Geschmack der New Yorker. Der kleinwüchsige, ungeheuer dynamische Mann, Sohn einer jüdischen Venezianerin, war Straßenhändler und Eisverkäufer, verdiente sich sein Jurastudium als Dolmetscher bei den Einwanderungsbehörden.

Die erste Amtshandlung La Guardias als Bürgermeister bestand darin, daß er den gefürchteten Mafia-Boß »Lucky« Luciano verhaften ließ. Bis heute gelang es keinem Bürgermeister von New York, gelang es weder der New Yorker Polizei noch der Bundeskriminalpolizei FBI, mit den Mafiosi fertigzuwerden. Cosa Nostra beherrscht durch Spielbanken und Wucherzinsen, mit Erpressung und Terror viele Firmen, in denen Gangster Aktien halten. Einer der »Paten«, Carlo Gambino, soll einmal stolz gesagt haben: »Wir sind das größte Unternehmen der USA; wir setzen mehr um als United Steel.« Von 50 Milliarden Dollar im Jahr ist die Rede.

Die Schmelztiegelparole stimmt nicht für die Italiener New Yorks, sie stimmt noch weniger für jene ethnische Gruppe der Stadt, die in New York den stärksten Einfluß ausübt und auch zahlenmäßig alle anderen Minderheiten hinter sich läßt: die Juden. In New York leben gut zwei Millionen, mehr als die Hälfte der jüdischen Bevölkerung Israels. Das politische und wirtschaftliche und kulturelle Gewicht dieses Viertels der Bevölkerung der Stadt übersteigt ihre Kopfzahl bei weitem. Gegen die jüdischen Wähler New Yorks ist in dieser Stadt nichts möglich. Die Baruchs, Stauß', Sterns, Guggenheims, Warburgs gehören seit den Anfängen New Yorks zur Geldaristokratie und High-Society.

Schon 1880 hatte New York 80 000 Juden, überwiegend deutsche Juden. Danach vermehrte der Exodus der Juden aus dem russischen Zarenreich, aus Galizien, Rumänien, Litauen, Polen, der Ukraine den jüdischen Anteil an der Bevölkerung New Yorks schon vor dem Ersten Weltkrieg auf ein und eine Viertel Million. Die Eltern Norman Mailers gehörten dazu. Die »Ostjuden« New Yorks unterschieden sich lange demonstrativ von den alteingesessenen sephardischen und deutschen Juden. Sie veränderten durch schnellen Aufstieg in den Mittelstand die Stadt stärker als jede andere Gruppe. Textilindustrie und Kaufhäuser New Yorks sind weitgehend in jüdischer Hand. Nach 1933 kam ein weiterer Schub jüdischer Emigranten aus Europa nach New York, die von den Nazis Vertriebenen. Sie verstärkten vor allem auch die intellektuelle Community der Stadt.

Er trägt ein breites Silberarmband mit Türkisen, indianische Arbeit. In der linken Hand Whiskyglas und Zigarette, greift er sich mit der rechten die jungen Tänzerinnen und Tänzer und küßt sie kräftig auf Wangen und Mund. Auf seinen weißen Haarschopf, die große Adlernase richten sich alle Blicke. Er ist Mittelpunkt der Premierenparty. Erschöpft läßt er sich schließlich auf einem Sofa nieder, legt ein Bein über die Lehne, gibt Autogramme und lacht und lacht und küßt und küßt.

So erlebe ich Leonard Bernstein. Wahrhaftig, man erlebt ihn: mittelgroß, breitschultrig, auch im Frack recht beleibt. Ist er gay, ist er hetero? Er ist alles, er kann alles: Bernie-Super-Star, Komponist und Dirigent, bewundert, beneidet, gefeiert seit dem Welterfolg »West-Side-Story«, einer Auferstehung der Romeo- und Julia-Geschichte, diesmal ist Julia ein Mädchen aus den Barrios New Yorks, eine Puertoricanerin.

Seit den Bernstein-Arien »Maria« und »America« und »Tonight« versteht New York besser, warum junge Puertoricaner nur mit böser Ironie an ihre American Citizenship denken können. Die Prügelknaben von der Westside, die Schmutzfinken, Proleten, Diebe und Killer aus Spanish Harlem waren bis dahin an allem schuld. »We hate two things, you know«, sagt mir der schwarze Taxifahrer, dem ich als Adresse 116. Straße West nenne: »Prejudices and Puertoricans.« Ein typisch New Yorker Witz, bissig und paradox: »Wir hassen zwei Dinge: Vorurteile und Puertoricaner.« Auch »wir« schwarzen New Yorker? Ja, denn heute überlagert die Diskriminierung der Latinos aus der Karibik zum Teil die Diskriminierung des American Negro – auf andere Weise sogar auch den Antisemitismus einiger Gruppen der New Yorker Bevölkerung.

Die Antilleninsel Puerto Rico gehört seit dem amerikanisch-spanischen Krieg 1898 zu den USA. 1917 erhielten die Puertoricaner amerikanisches Bürgerrecht. Das berechtigt sie, in beliebiger Zahl zum amerikanischen Festland zu fliegen oder auch zurück. Viele machen davon Gebrauch, die Brücken zu ihrer Heimat sind nicht abgebrochen, ein Charterflug nach San Juan kostet 80 Dollar und dauert nicht viel länger als drei Stunden. Es mag mit dieser Nabelschnurverbindung zusammenhängen, daß die New Yorker Puertoricaner trotz ihrer besonderen Handicaps etwas durchsetzten, was keiner anderen Minorität gelang: ihre spanische Muttersprache wurde offiziell als zweite Amtssprache New Yorks anerkannt.

Zusammen mit anderen Süd- und Mittelamerikanern machen die 1,3 Millionen Puertoricaner New York zur Hauptstadt der Lateinamerikanischen Minoritäten in den USA. Sie verstärken auch erheblich den Anteil der Katholiken in New York. Sie kamen spät. Noch bis zum Zweiten Weltkrieg lebten hier nur 77 000 Puertoricaner. Der große Schub kam in den fünfziger und sechziger Jahren, eine der Ursachen ist der enorme Geburtenüberschuß auf Puerto Rico, dessen Aufnahmefähigkeit für die Bevölkerungsexplosion begrenzt ist.

Puertoricaner arbeiten in New York im Hotelgewerbe und als Kleinunternehmer, vor allem in den Barrios von East Harlem. Sie gehören wie die Schwarzen zu der Gruppe, die von Arbeitslosigkeit stets am härtesten betroffen ist: Last hired, first fired. Die New Yorker Kommunalpolitik muß aber mit den »rainbow people« – ihre Hautfarbe reicht von weiß bis zu allen Braunschattierungen – rechnen, denn jeder achte wahlberechtigte New Yorker ist ein Puertoricaner.

Als ich 1951 als junger Berliner Redakteur und Schriftsteller das Glück hatte, vom State Department in Washington für drei Monate in die USA eingeladen zu werden, und New York zum ersten Mal sah, durfte man auf einem Fragebogen »points of special interest« ankreuzen. Harlem stand bei mir ganz obenan. Es war der Jazz, den ich dort vor allem suchte. Ganz verrückt waren einige von uns als Gymnasiasten der NS-Zeit, später in der Wehrmacht, nach Jazz gewesen. Man erkannte einander an dieser Leidenschaft, die weitgehend geheim und unerfüllt bleiben mußte, denn »diese Negermusik« paßte nicht in die rassistische Weltanschauung des braunen Jahrzwölfts.

Ich stieg schon am Tage nach unserer Ankunft in Idlewild, wie der John-Kennedy-Airport damals noch hieß, in die Subway und fuhr nordwärts, die Rhythmen von »Take the A-Train« im Hinterkopf und in der kindlich-naiven Erwartung, daß Manhattan jenseits der 113. Straße nur so beben und brodeln müßte von Dixiland und Blues. Ich glaubte, den Savoy-Ballroom noch in full swing anzutreffen, überfüllt mit schwarzen Paaren, die *black bottom* tanzten, fragte nach Duke Ellington und Count Basie. Ich hatte mich um gut 20 Jahre verspätet und kehrte enttäuscht mit dem A-Train in mein YMCA zurück, die billige Schlafstätte des Vereins Christlicher Junger Männer, wo ich für 2 Dollar die Nacht eine kleine, aber saubere Zelle bewohnte und von meinen 10 Dollar Tagesspesen eine Menge sparen konnte, um CARE-Pakete nach Hause zu schicken und bei Macy's Sachen für die Kinder, die Frau, die Schwestern einzukaufen.

Ja, so war ich nach Harlem geeilt, blaß und nach Krieg und Gefangenschaft noch etwas mager. Die freudige Erwartung im blauen Auge mag die Schwarzen verwundert haben, aber auch beruhigt, ich bemerkte verstohlene Blicke, zuweilen kam eine Antwort auf mein Lächeln, ich setzte mich arglos in verschiedene Bars, bekam meine Cola mit Rum (Cuba Libre) über die Theke geschoben und konnte mich nicht sattsehen an den schwarzen Gesichtern, in denen all die Schicksale standen, die ich später in den Romanen von James Baldwin wiederfand.

Ich stieg noch ein paarmal in den A-Train, uptown, auch wenn meine Cousine Inga, in New York geboren, mich für komplett verrückt und lebensmüde erklärte. Kein Haar wurde mir gekrümmt, nicht einmal, als ich mit einem atemraubend schönen schwarzen Mädchen ein Gespräch anknüpfte, das sie höflich und distanziert in die ihr passend erscheinende Richtung lenkte.

»Black is beautiful.« Dieser trotzige Aufschrei eines neuen Selbstbewußtseins der Schwarzen Amerikas lag damals durchaus schon in der Luft. Das Magazin »Ebony« bereitete ihn vor: auf sehr amerikanische Weise, durch raffinierte PR-Arbeit, mit den Mitteln jener Industrie, die so viel zum Image New Yorks beiträgt, lokalisiert rund um die Madison Avenue: Advertising – das Reklame- und Public-Relations-Geschäft.

Schon in den sechziger Jahren fuhr ich dann allerdings nicht mehr nach Harlem, und heute wäre ein Weißer tatsächlich verrückt, wollte er abends allein über die Lennox Avenue bummeln. Harlem ist immer mehr zum »Symbol der dauernden Entfremdung des Schwarzen von seinem Mutterland geworden«, wie Ralph Ellison sagt. Neuerdings bessert sich einiges, die Sanierungsprogramme kommen voran, und in der südlichen Bronx kann es schlimmer aussehen als in Harlem.

Die Geschichte dieses Bezirks von Manhattan begann nicht nur respektabel, sondern geradezu vornehm. Seinen holländischen Namen verdankt Harlem dem letzten niederländischen Stadtdirektor New Yorks, Peter Stuyvesant, der das Dorf 1658 gründete. Für zwei Jahrhunderte blieb Nieuw Harlem eine ländliche Idylle, einige Sommersitze wohlhabender New Yorker entstanden hier, man erreichte den Bezirk mit der Pferdebahn oder mit einem der ersten Hudson-Dampfer stromaufwärts. Die 1880 eröffnete Hochbahnlinie erschloß Harlem für die elegante Welt der New Yorker um die Jahrhundertwende. Oscar Hammerstein konnte hier sogar erfolgreich sein Harlem-Opera-House betreiben. In flotten Einspännern kutschierten prosperierende Gentlemen ihre Damen und Familien vom Central Park nach Harlem zu Kaffee und Apple-pie.

Das Scheitern wilder Bodenspekulationen vor 1914 zog die ersten Schwarzen nach Harlem. Die Umschichtung vollzog sich dann lawinenartig. Hausbesitzer parzellierten die Wohnungen und schlugen doppelten Gewinn aus der Not der aus dem Süden der Vereinigten Staaten nach New York strömenden Nachkommen befreiter Sklaven, die durch die Mechanisierung der Landwirtschaft brotlos geworden waren. Die Roaring Twenties waren für die Schwarzen von Harlem keine goldenen zwanziger Jahre. Immerhin entstand eine schwarze Subkultur, die ihren eigenen Reiz hatte, vor allem durch den Jazz.

Dieser Reiz ist dahin. Ratten und Rauschgift kennzeichnen heute ein Quartier, in dem eine halbe Million Menschen auf fünfeinhalb Quadratmeilen zusammengepfercht sind. Die Hälfte der jungen Schwarzen ist arbeitslos, mehr als ein Viertel der insgesamt zwei Millionen Schwarzen New Yorks lebt von Wohlfahrtsunterstützung. James Baldwin über Harlem: »Wäre ich nicht herausgekommen, ich wäre langsam erstickt.« Und als Kommentar zu den großen Unruhen von Harlem 1964: »Die gefährlichste Schöpfung in jeder Gesellschaft ist der Mensch, der nichts zu verlieren hat.«

Auf einem der Fifth-Avenue-Empfänge, bei denen auch die Vertreter der Medien erwünscht sind, treffe ich den Mann, der in New York vielleicht am meisten zu verlieren hat: David Rockefeller, Chef der First National City Bank. Ich schüttle eine Hand, die über Milliarden gebietet, in letzter Zeit auch über einige der Milliarden des verstorbenen Schah von Iran. Die Upper 400 an der Spitze der Upper Ten, der Oberen Zehntausend, bilden in New York eine Gruppe, die normalerweise unter sich bleibt, sich gegenseitig besucht in ihren Penthäusern auf den Dächern der Wolkenkratzer rund um den Central Park, ihren Suiten im Waldorf-Astoria-Hotel.

Ihre silbernen Rolls Royces oder schwarzen Cadillacs sind gepanzert; sie sind von Body-guards umgeben wie Staatsoberhäupter. Einige ihrer Abkömmlinge heiraten europäische Aristokraten, über ihren Kaminen hängen echte Gainsboroughs und Impressionisten, soweit ihre Vorfahren diese Bilder nicht den Museen oder eigenen Stiftungen geschenkt haben. Die renommiertesten Anwälte Amerikas, Ex-Generäle und Ex-Präsidenten, Aufsichtsratsvorsitzende des Big Business, Banker und hin und wieder Stars des Showgeschäfts wie Frank Sinatra, Liz Taylor haben Zutritt zu dieser geschlossenen Gesellschaft, in der feinste Rangunterschiede gelten und gepflegt werden, wie einst am Hofe Ludwigs des XIV. »Money makes the world go around«, singt Liza Minelli in »Cabaret«. Aber die direkte Abkunft von Mayflower-Einwanderern oder ähnlich alten Familien zählt in New Yorks High-Society mehr als money-money-money, das hat man sowieso.

»Frühstück bei Tiffany's«, Truman Capotes Erzählung und der Film danach mit Audrey Hepburn, das war New York at it's best: ein bißchen smart, ein bißchen sexy, ein bißchen rührselig und zärtlich, ein bißchen krank und verrückt – nur eines nie: langweilig. Beim Juwelier Tiffany, Ecke Fifth's Avenue und 57. Straße, kann man in Wahrheit natürlich nicht frühstücken. Aber vom Brillantkollier für einige Millionen bis zum Schlüsselring und Pillendöschen für 15 Dollar gibt es dort alles, was aus diesem Bereich zum American Dream gehören könnte. Ein amerikanischer Traum war schon die Lebensgeschichte des Chaves Lewis Tiffany, der 1837 als Goldschmied und Designer mit 1000 Dollar begann und wenige Jahre später die Astors, Vanderbilts und Carnegies zu seinen Kunden zählte. Tiffanys Lampen und Glasfenster gehören zu den stilbildenden Beiträgen Amerikas, zu den Künsten, haben heute einen unschätzbaren Wert und werden fleißig kopiert.

Ich finde das geistige New York bei Hannah Arendt. Am Morning-Side-Drive bewohnt sie ein geräumiges Apartment mit Ausblick zum Hudson, über den sich nach New Jersey hin »das schönste Juwel am Halse Manhattans« spannt, die George Washington Bridge. Ich interviewe sie zum Eichmann-Prozeß, über den sie ein heiß umstrittenes Buch geschrieben hat. Sie interpretiert ihre Philosophie von der Banalität des Bösen am Beispiel der KZ-Verbrechen. Herbert Marcuse, den ich aus Berlin kenne und in der Columbia University wiedertreffe, bezeichnet Hannah Arendt maliziös als »die jüdische Jungfrau von Orléans«. Niemand ahnt zu diesem Zeitpunkt, auch Marcuse selber nicht, daß er zehn Jahre später der Vater und Chefideologe der Studentenrevolte in der Bundesrepublik und Westberlin, ja, zum Teil auch in Amerika sein wird. Einen Tag in New York sein und nicht irgendeinen interessanten Menschen treffen, das ist unmöglich. Eines Nachts schlendere ich, vom Jazz in der Basin-Street kommend – Oscar Peterson spielte – am Waldorf-Astoria vorbei und stoße im Gewühl mit einem beleibten Herrn zusammen. »So spät noch auf der Straße, Herr Koch«, sagt er, als wären wir in Hannover. Er lädt mich zu einem letzten Drink ein: der Landesbischof Hanns Lilje, in Sachen Weltkirchenrat in New York. Unter acht Millionen New Yorkern treffe ich auf ihn, von dem seine getreuen Mitarbeiter zu sagen pflegten: »Herr, Du allein weißt, wo unser Außerlandesbischof sich zur Zeit gerade aufhält.«

Es gibt in New York keinen Platz, den ich favorisiere, zu dem ich immer wieder gehe, kein Stammcafé, wie man es in Wien oder Paris hat, keinen Londoner Pub, wo man sich verabredet. Recht gern sitze ich in der Bar des UN-Hauptquartiers, von der aus man auf den East River blickt. Man kann in aller Gemütsruhe die Schiffe vorbeiziehen sehen, die vom Atlantik kommen und wieder hinausfahren. Der »Manhattan« ist gut, und sie schenken die Gläser randvoll. Peanuts stehen bereit und Oliven, was nützlich ist, wenn man wieder einmal keine Zeit zum Essen hatte. Der Service ist für New Yorker Verhältnisse geradezu aufmerksam. Nie fehlt es an Gesprächspartnern aus aller Welt. So mancher internationale Streit ist hier an der Theke oder auf den dänischen Lederstühlen von Arne Jacobson einer friedlichen Lösung ein wenig näher gebracht worden. Von den hochgemuten Plänen Franklin Roosevelts mit der One-World, den Hoffnungen auf ein Weltparlament, das eine Weltregierung wählt, ist nicht viel übriggeblieben. »But you see, wenn es die Organisation der Vereinten Nationen nicht gäbe, müßte man sie sofort erfinden«, sagt Charly hinter der Bar, aber er denkt dabei an die guten Tips, die er hier einsteckt.

Die New Yorker beachten das für ihre Perspektiven relativ handliche gläserne Wolkenkratzerchen an der Lower East Side kaum. Der Brasilianer Oskar

Niemeyer baute es, und mir gefällt es, inmitten der architektonischen Alpträume Manhattans, die man genauer als mit dem eigenen Auge auf guten Fotos wahrnimmt. Die Kamera verleiht selbst den monströsesten unter diesen Business-Kathedralen unserer Zeit etwas Erhabenes, grotesk Majestätisches. Es ist ein Phänomen, ein Wunder New Yorks, daß die Summe seiner städtebaulichen Sünden, seiner architektonischen Hybris die schönste Skyline der Welt ergibt, die einzigartige Skyline Manhattans. Auch sie wandelt sich. Nicht mehr das Empire State Building, seinerzeit als achtes Weltwunder gefeiert, ist ihr beherrschender Akzent. Die beiden Riesenklötze des World-Trade-Center überragen es im Süden, das PAN AM-Building, auf dessen Dach Hubschrauber landen können, stiehlt ihm im Zentrum die Schau.

Broadway-Melodie. Um Mitternacht Auto an Auto, die Halbstarken drängen in die Sex-Shops, eine weiße Ambulanz mit Blaulicht und gellender Sirene bringt eine Schwangere zur Entbindung, die Lichtreklamen versetzen einen in eine psychedelische Hölle. Marlon Brando, der hier groß wurde, grüßt vom Kinoeingang, erschöpft von den unzähligen Kopulationen, die er auf der Leinwand gerade wieder einmal hinter sich hat. Nebenan Barbara Streisand, »Funny Girl«. Die Zeit der großen Musicals: gone.

»My Fair Lady«, ich sah es einmal mit Rex Harrison, ein anderes Mal mit Audrey Hepburn. O'Neill und Wilder und Arthur Miller und Tennessee Williams hatten am Broadway die großen Premieren. Aber heute fehlen die »Angels«, die Geldgeber, sie sponsern lieber die endlosen Seifenopern des Fernsehens. Noch halten sich am guten alten Broadway »Hallo Dolly« und »The Fiddler on the Roof«. Neues passiert, wenn es überhaupt noch passiert, off-Broadway, zwischen Zweiter und Dritter Avenue, in Greenwich Village. Aber ist das noch Theater? Diese heidnisch-atavistischen Riten, imitierten Orgien, pornographischen Kulte – »Hair«, »Oh Calcutta«. Auch das schon wieder: gone with the wind.

Eindrucksvoller für mich als alle Shows: einer jener New Yorker Augenblicke. In der Hitze der Nacht tanzt auf dem Broadway ein Mann und singt auf jiddisch ein Lied, einen Oldtimer von Micky Katz, der aus der Musicbox der Bar herausdröhnt auf die Straße: »Come on in my Häusel, my Häusel come on...« Er singt den Refrain immer wieder und tanzt dazu einen Phantasie-Boogie. Dies ist die Welt, die Richard Lindner in Popfarben malt: bevölkert von Spielzeugmenschen, die Welt von Roy Lichtenbergs »Girls« – tot und lockend und tot –, wie die Marylin-Monroe-Siebdrucke von Andy Warhol. »Privacy, Anonymität, das finden Sie in ganz Amerika nirgendwo leichter als in New York City«, schreibt Joe Wechsberg. Sogar Amerikas spektakulärste First Lady suchte hier Schutz vor Reportern und Klatschkolumnisten. Dort oben, Nummer 1040 Fifths Avenue, hat sie ihre Zimmerflucht mit den zwei Dutzend Schränken und Safes voller Nerzmäntel und Diamanten: Jackie Onassis, verwitwete Kennedy, geborene Bouvier.

Einer, der an New York gelitten hat, ein Kind New Yorks, Henry Miller, schrieb in seinen Erinnerungen: »Wenn ich an New York denke, sehe ich es vor mir als ungeheure Lüge, als Täuschung, Betrug – als einen Alpdruck; ich meine damit vor allem Manhattan. Wie imponierend, wie grandios, wie unvorstellbar mächtig erscheint es vom Flugzeug aus oder vom Deck eines Ozeandampfers, der in den

Hafen einläuft. Und dennoch hat mich, so oft ich von Anhalterfahrten ins Hinterland oder von einem Auslandsaufenthalt dorthin zurückkehrte, sein bloßer Anblick mit Furcht, Ekel und Verzweiflung erfüllt. Niemals habe ich Heimweh danach empfunden.«

Als mich die Dissonanzen New Yorks, die optischen und akustischen, wieder einmal fertiggemacht haben, gehe ich in die Public Library, 42. Straße, der stillste Ort New Yorks, genau zwischen zweien der lautesten Plätze: Times Square und Grand Central Station. Jedermann kann in der Public Library ohne Umstände, ohne Kosten Bücher entleihen, sich hinsetzen und lesen. Ich bitte um eine deutsche Ausgabe der Gedichte Gottfried Benns. Wenige Minuten später liegt das Buch vor mir. Ich betrete den Lesesaal. Stille, an einigen Lampen und an langen Tischen Lesende. Ich rücke mir einen Stuhl, eine Lampe zurecht und lese: »Bahnhofstraßen und Ruen, Boulevards, Lidos, Laan – selbst auf den Fifth Avenuen fällt Sie die Leere an – Ach, vergeblich das Fahren! Spät erst erfahren Sie sich: Bleiben und Stille bewahren das sich umgrenzende Ich.« Die Verse bringen mich wieder zu mir selbst. Ich bin New York entkommen – mitten in New York.

Niemand weiß, was das in Wahrheit ist: New York. Auch »den« New Yorker gibt es nicht. Verallgemeinerungen führen gerade in New York nur in die Irre. Momentaufnahmen, Szenen – das ist die reellste Methode, New York zu beschreiben. New York? Annäherungen an New York, bestenfalls. Der Schnappschuß und die Reflexion über Details, das geht. Facts and figures, gewiß. Soziogramme, Psychogramme, Zustandsbeschreibungen bestimmter Erscheinungen, Analyse dieser Erscheinungen – das alles kann gelingen. Aber diesen gesamten Kosmos von Widersprüchen, dieses Universum von Unvereinbarkeiten, diesen Zehn-Millionen-Wahnsinn mit Methode, das kriegt keiner in den Griff.

An den strahlendsten Tagen der Stadt rauschen über den Broadway die großen Konfettiparaden. Vier Millionen feierten so Charles Lindbergh nach seinem geglückten Atlantik-Flug. Tausende von »gay people«, von Homosexuellen, marschierten hier – sogar die Verkehrsregeln pervertierend, indem sie die Einbahnstraße umgekehrt benutzten, so frivol maskiert wie möglich: liberales New York. Nationales New York: die aus iranischer Gefangenschaft heimgekehrten Geiseln werden hier unter Konfetti und Patriotenliebe fast begraben. The Show must go on! New York ist nicht Amerika? Stimmt. Aber nichts ist amerikanischer als New York. Stimmt auch.

New York, Licht und Schatten – sehr viel Schatten, aber auch sehr viel Licht. Sonnenuntergang über Manhattan: Nirgendwo auf der Welt habe ich einen so großen, so ungeheuer hoch und weit sich über etwas Irdisches wölbenden Himmel gesehen. Himmel über New York, das ist die gewaltige Antwort der Schöpfung auf diese größte Herausforderung des Schöpfers, die Menschenhände erbauten. Diese Antwort fällt zu jeder Tageszeit anders aus: fahlblau und träge am Morgen. Flammendrot und dramatisch am Abend. Ich mag am liebsten die New Yorker Dämmerungen, wenn sie beginnen alles einzuhüllen in diffuse Grautöne: Hudson und East River, Upper and Lower Bay, Long Island, Brooklyn, Manhattan.

Thilo Koch

Bildteil

I
Staten Island
Brooklyn
Queens
Bronx

II
Uptown
Manhattan

III
Midtown

IV
Downtown

I
Staten Island
Brooklyn
Queens
Bronx

1
Portal zum Paradies – so mögen mehr als 12 Millionen Menschen aus allen Erdteilen die Insel Ellis Island, gesehen aus dem Innern der Freiheitsstatue, empfunden haben. Doch Tausenden, bereits in Sichtkontakt mit der Südspitze Manhattans und den Piers von Jersey City, versperrte die Einwanderungsbehörde den Traum von der neuen Heimat Amerika

2
Die Fackel der Freiheit erhebend, die Unabhängigkeitserklärung fest umschließend und auf den gesprengten Ketten der Sklaverei stehend: die Freiheitsstatue auf der Felseninsel Liberty Island in der Upper Bay

3–4
Richmond auf Staten Island ist das »Dorf« der Millionenstadt: Hügel, Wälder, ein Landschaftsschutzgebiet, bäuerliche Anwesen und stille Straßen mit hübschen Villen

11
An der Flatbush Avenue von Brooklyn haben Geschäftshäuser wie das dieses Billigkonfektionärs die niederländischen Bauernhäuser aus dem »Breukelen« des 17. Jahrhunderts verdrängt

12
Längst gibt es in Brooklyn, dem einst bürgerlichen weißen Borough, verfallende Quartiere – wie hier am Hafen

13
Volkskunst im wahren Sinn des Wortes: Sgraffiti in Brooklyn

14
Die U-Bahn folgt dem Verlauf der Flatbush Avenue, allerdings nicht unterirdisch, sondern als Hochbahn

15
Wie die Züge der *tube*, so sind auch die Stationen heruntergekommen. Dennoch: Die Subway ist schnell und zuverlässig, wenngleich überfüllt und laut

16
Der ganze Stolz zweier Vorstadt-Twens aus Brooklyn: »Heiße Öfen« vom Typ Harley Davidson

17
Die Mutter Maria mit den Söhnen Manitous – seltsame Allianz in einem Schaufenster der Flatbush Avenue

18
Sonntagmorgen in einem Hinterhof in Brooklyns Norden

20
Im Brooklyn-Viertel Williamsburg nahe der Brücke nach Manhattan

21
Schmelztiegel New York: Menschen aller Herren Länder finden sich auf der Straße in nachbarlichem Gespräch zusammen

22
Nahe den Hafenanlagen von Brooklyn neben der Hochbahn. Das Öffnen der Hydranten ist zwar verboten, an heißen Tagen kümmert sich jedoch kaum einer darum

19
In Williamsburg/Brooklyn wohnen fast ausschließlich orthodoxe Juden

23
An der Manhattan Bridge

26
Middle Class-Idylle im nördlichen Queens

27
Thornton Wilders »Kleine Stadt« lebt – abseits der großen und unfreundlichen Avenues von Queens

28
Villa im Rockaway Park von Queens

29
Discounts, Discounts – nichts, was es hier im Grenzbereich Queens/Brooklyn nicht noch billiger gäbe

30
Flatbush Subway in Brooklyn. Niemand wartet lange auf einen Anschluß. Die Züge verkehren in schneller Folge

31
Werbung in Amerika: größer, deutlicher, lauter, aggressiver

41
Mehr als 10 000 Studenten sind in Fordham University eingeschrieben, der 1841 gegründeten, ältesten Jesuiten-Hochschule des Landes im Zentrum von Bronx

42
Die Bevölkerungszahl einer Kleinstadt lebt unter diesem Dach von Bronx

43–44
Auch das ist die Bronx: Herrenhäuser am Hudson, Villen umgeben von Wäldern

45–47
Bronx ist das Borough mit den meisten Wohngebieten, allerdings auch den ausgedehntesten Erholungsflächen: Botanischer Garten und Zoo – der größte Tierpark Amerikas – in Mittel-Bronx, der van Cortlandt-Park mit Hügeln, Wäldern und vielen Sportplätzen und der Pelham Bay Park am Atlantik mit der vorgelagerten Regatta-Insel City Island

II
Uptown Manhattan

49–50
Europäisches Mittelalter repräsentiert das Cloister hoch über dem Hudson River, bekannt auch als Museum für europäische Kunst. Im Fort Tryon Park wurden in den dreißiger Jahren dieses Jahrhunderts Relikte und Kopien von Kapellen und Kreuzgängen französischer, spanischer und italienischer Abteien (wieder) aufgebaut

51
Die George Washington Bridge verbindet den Norden New Yorks mit New Jersey. Um eine zweite Straßenebene ergänzt, stehen nun 14 Fahrbahnen zur Verfügung

52
Street Art in Spanish Harlem

53
Subway Station an der 125. Straße in Harlem. Nicht jeder Bahnhof ist ein »express stop«. Wer im falschen Zug sitzt, rauscht vorbei und muß viele hundert Meter zurücklaufen

54
Freundlich und gepflegt: der klassische Stadthaustyp. Ensemble in der 123. Straße in Harlem

55
Riverside Church am Hudson, der Kathedrale von Chartres nachempfunden. Von eigener Art sind die prächtigen Glasfenster und das schöne Glockenspiel

Lenox Avenue, Harlem

57
Kartoffeln, Sonnenblumen und Gemüse gedeihen in den Hinterhöfen von Spanish Harlem. Lädt der Züchter zu einem Fest ein, darf er mit der Teilnahme aller Hausbewohner rechnen

58
Häuser wie dieses findet man häufig in den kleinen Seitenstraßen im Westen Harlems

59 und 61
In der Lenox Avenue in Harlem stehen viele solcher »Mini«-Kirchen, Trost spendende Fluchtburgen in einem Viertel, das sonst von Drogenkonsum und harter Kriminalität beherrscht wird

60
Im Park am General Grant National Memorial, dem Mausoleum für den Armeeführer der Nordstaaten im Sezessionskrieg und späteren Präsidenten der USA

62

63

64

62–63
Kaum ein Paar, das nach der Trauung in der Cathedral of St. John the Divine im Park nicht für ein Hochzeitsfoto posiert

64
Die Bronzestatue der Alma mater vor einer Freitreppe der Columbia University. Viele, die später erstrangige Plätze in Politik, Wirtschaft, Wissenschaft und Kultur des Landes einnahmen, sah die »weise Mutter« hier ein- und ausgehen

65
Cathedral of St. John the Divine, eine 1892 neo-romanisch begonnene, 1911 neu-gotisch fortgesetzte und sieben Jahrzehnte später immer noch nicht vollendete protestantische Kirche mit dem größten Kirchenraum nach St. Peter in Rom

66–67
Amerikanischer Jugendstil: Hausfassaden des Riverside Drive am Hudson und in der 71. Straße Westside

68–69
Der kleine Laden um die Ecke hat in New York noch eine reelle Chance. Hausfrauen und Junggesellen wissen ein persönliches Wort »ihres« Fleischers oder Fischhändlers ebenso zu schätzen wie die Spezialitäten, die eben nur er hier am oberen Broadway bereithält

70
Ein erfrischender Spaß im heißen Sommer von New York, wenn spürbar wird, daß die Stadt auf demselben Breitengrad wie Neapel liegt. Das Verbot, Hydranten ohne Not zu entsichern und aufzudrehen, kümmert die Kinder wenig

71
Man muß nicht Besitzer eines New Yorker Autos sein, um dessen Vorzüge als Sitzgelegenheit nutzen zu können

72
... was vielleicht noch brauchbar wäre: am Broadway Corner, 96. Straße

73
Vergessen ist die Hektik von Midtown Manhattan, hier am oberen Broadway, Ecke Amsterdam Avenue

74
Sonne, Zeit und eine Bank für sich allein, auf dem Broadway nahe Lincoln Center

75
Jogger sind zu allen Zeiten im Central Park anzutreffen

76
Sonntagvormittag im Central Park

77
Ungestört im Herzen Manhattans. Der Central Park erstreckt sich über 340 Hektar im Mittelbereich der Insel und ist nur an den Wochenenden sehr stark belebt

78
Treppen, Pfade und Alleen: Wer auf allen Parkwegen spazieren will, muß mehr als 50 Kilometer weit laufen

79
Im fahlen Licht eines Herbsttages. Die Eichhörnchen im Central Park beginnen mit der Wintervorsorge

80
Als Sonnenschutz ist die New York Times von gestern noch allemal gut

81
Alter muß nicht Einsamkeit bedeuten - Seniorenzirkel trifft man häufig in den New Yorker Parks

82–84
Central Park: Paradies für Rollschuhläufer, Jogger und Radfahrer im Sommer, für Ski- und Schlittschuhläufer im Winter

85
Cabbies, die »Taxis« im Central Park.
Nicht nur Touristen, auch New Yorker
lassen sich sonntags auf dem 16 Kilometer langen Netz der Fahrwege mit zwei
PS durch Wald und Grünland fahren

86
Man muß nicht unbedingt zur High Society gehören, um im Central Park zu reiten. Pferde kann man hier stundenweise und verhältnismäßig günstig mieten

91

92

91
Kunstschätze und Kleinodien der Welt aus fünf Jahrtausenden beherbergt das Metropolitan Museum of Art, das größte Kunstmuseum der USA

92
Die spiralig gewundene Rampe im Guggenheim-Museum macht Treppen entbehrlich und führt zu jedem Exponat der berühmten, einst privaten Gemäldesammlung

93
Portal an der 86. Straße, nahe der Fifth Avenue. Das Ostende ist die Hauptgeschäftsstraße des von den Deutschen stark geprägten Yorkville-Viertels

94
Beim Dessert in Geruhsamkeit den Betrieb auf den Avenues zu verfolgen ist das Vergnügen vieler New Yorker. Im Menüpreis inbegriffen

95
Madison Avenue, kaum weniger lebhaft als die Fifth Avenue, gilt als *die* Straße der Antiquitätengeschäfte, Kunstgalerien, Luftverkehrsgesellschaften und Werbeagenturen

96
In den Boutiquen der Madison Avenue kaufen die Happy Few. Doch ein hier erstandenes Modellkleid ist – nach einmaligem Tragen – vielleicht wenige Wochen später zum Bruchteil des Preises bei einem ebenfalls renommierten Second Hand Dealer zu haben

III
Midtown

102
Die hohe Bogenhalle der Metropolitan Opera im Lincoln Center

103
Die »Met« ist mit 3800 Besucherplätzen die größte Bühne der Welt

101
Ein New Yorker Fiaker-Pferd kann keine Rush-hour erschüttern

104
Glitzerwelt des Broadway, der sich als einziger Boulevard New Yorks im Bogen durch das Netz der rechtwinkligen Straßen schlängelt: Hier bleiben auch am Tage viele Leuchtreklamen eingeschaltet

105–106
Kleinkunst nach Theaterschluß irgendwo zwischen 42. und 48. Straße am Broadway: Violinkonzert zur Mitternacht . . .

. . . und schlangengeschmeidige Akrobatik

105

106

107
Times Square, die Kreuzung zwischen Seventh Avenue und Broadway, ist Mittelpunkt des Theater District. Die New York Times, deren Geschäftsturm dem Platz seinen Namen gab, ist längst fortgezogen

108
Eines der zahlreichen, gewaltigen Werbeplakate am Times Square

109–110
Zahlreiche Vergnügungsstätten links
und rechts des Broadway – hier in der
42. Straße – sind in die Drittklassigkeit
abgerutscht. Das harte Geschäft mit Sex
und Porno lohnt allemal

111
Filmreklame am Broadway. Der Bummelboulevard wird wegen seiner Lichterflut auch »The Great White Way« genannt. Jedes vierte der mehr als 600 Kinos, Kabaretts und Theater befindet sich südlich der 53. Straße in Broadway-Nähe

112–113
Von zehn Uhr morgens bis zehn Uhr abends spielt sich auf Bühne und Leinwand von Radio City Music Hall ein jeweils dreistündiges Unterhaltungsprogramm ab. Stars jeder Bühnenshow: die 50 Mädchen des Revueballetts »The Rockettes«

114
Blick aus 400 Meter Höhe vom Empire State Building in die Fifth Avenue

115
Eine der zahlreichen Paraden auf der Fifth Avenue, deren berühmteste die Steuben-Parade ist. Nicht nur unter den deutschstämmigen New Yorkern ist die Erinnerung wach an den selbsternannten General Baron Friedrich von Steuben, der den Truppen George Washingtons im Unabhängigkeitskrieg ungewohnten preußischen Drill angedeihen ließ

116
Die 100 Meter hohe Doppelturmfront
der gotischen St. Patrick's Cathedral an
der Fifth Avenue wirkt fast bescheiden
neben dem wuchtigen, fast doppelt so
hohen Olympic Tower, einem Wohn-
und Geschäftshaus erster Adressen und
praller Geldtaschen

117

118

119

120

121

122

123

124

125

126

117–126
Menschen in der großen Stadt: Touristen und Filmemacher, Taschendiebe und Faulpelze, Hausfrauen und Prediger, Handelshauskönige und Strichmädchen – und auch die elegante Ladenbesitzerin in der Fifth Avenue, die den Hund eines blinden Bettlers füttert. New Yorker, deren Urgroßväter einst kamen, um schnelles Geld oder Pleite zu machen, Neger, Exilrussen, Chinesen, Puertoricaner. Ausländer, deren Gruppenreise New York auf einen flüchtigen Eindruck befristet, schwäbische Gesangsvereine, britische Meteorologen, römische Werbefachleute. Sie alle gehören 50 Jahre oder auch nur 50 Stunden dazu – zu diesem Babel der hundert Sprachen, dieser Megapolis der tausend Lebensauffassungen, großen Chancen und kleinen Nöte, wo man alles tun kann und nichts, Toleranz genießt wie nirgendwo anders und Diskriminierung erleidet, einsam ist und doch nie allein.

127
Über diese Schaufensterauslage bei Cartier's an der Fifth Avenue, Ecke 52. Straße, wird sich kein echter New Yorker wundern

128
Amerikas höchster Weihnachtsbaum erleuchtet Eisbahn und Prometheus auf der Lower Plaza des Rockefeller Centers

129
Plastik vor der imposanten Fassade in italienischer Renaissance der Öffentlichen Bibliothek an der Fifth Avenue, Ecke 42. Straße

130
In New York sind die Menschen an jähe
Temperaturstürze gewöhnt und ent-
sprechend winterfest ausgerüstet.

131
Ein möglicher Streik der Müllabfuhr gehört zu den Alpträumen der New Yorker

132
Schneestürme und eisige Winde fegen im Winter durch die Hochhausschluchten, hier in der Fifth Avenue

134

135

133
Und immer wieder Einbahnstraßen –
auch keine Patentlösungen gegen das
tägliche Verkehrschaos

134
Die Auffahrt zum 51. Stock des
McGraw Hill Buildings an der Avenue
of the Americans lohnt: Dort wird die
Audiovisionsschau »The New York Experience« gezeigt

135
Nach Taxiständen sollte man in Manhattan gar nicht erst suchen. Doch auch
Warten und wildes Winken an den
Kreuzungen ist selten sofort erfolgversprechend – obwohl es in keiner Stadt
mehr Taxis gibt

137–138
Die Diamantenstraße: Fenster an Fenster nur Juwelen. In der 47. Straße, zwischen Fifth Avenue und Avenue of the Americans, werden täglich einige Millionen Dollars umgesetzt

139
Das Empire State Building, 1931 auf dem Platz des historischen Hotels »Waldorf Astoria« nach nur zwei Jahren Bauzeit fertiggestellt, war einst das höchste Gebäude der Stadt. Inzwischen wird es von den Zwillingstürmen des World Trade Center überragt

140–141
Heroisch oder kitschig, doch auf jeden Fall individuell: New Yorker Portalschmuck

142
Homosexuellen-Lokale findet man nicht mehr nur in Hinterhöfen im »Village«, sondern auch in Midtown Manhatten, in der besten Einkaufsgegend

143
Third Avenue: Bauzäune signalisieren Abbruch und Neubau in wirtschaftlicheren Geschoß-Dimensionen

144
Herausforderung zur Stil-Studie: Die Versammlung New Yorker Wolkenkratzer (links Empire State Building, in der Bildmitte Pan Am Building, davor Madison Square Garden Center, rechts Chrysler Building) macht die individuellen Eigenarten jeder Bauepoche deutlich. Kühne Konstruktionen aus den ersten Jahrzehnten dieses Jahrhunderts wurden bereits abgerissen. Für schäbige, veraltete Genialität sind New Yorker Quadratmeter zu teuer. Die neuen, geradlinigen Glas- und Stahlpaläste wachsen innerhalb weniger Monate nach

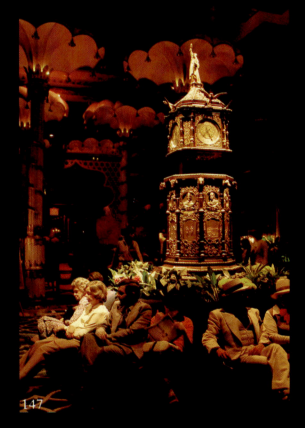

145
Manhattans Midtown

146
Auf der Lexington Avenue

147
Angestaubte Pracht im berühmten Feinschmeckerlokal Maxwell's Plum. Wer im ersten Stock die Hautevolee dieser Welt beobachten möchte, kann

148
Im Barock der Belle Epoque: eines der vielen feinen Eßlokale auf der Eastside (Third Avenue, Ecke 50. Straße), das von wohlhabenden New Yorkern gern

149
Der Grand Central Terminal gehört zu den größten Bahnhöfen der Welt und ist mit seinen fast 50 unterirdischen Bahnsteigen das Herzstück des New Yorker

54

150
Glasfassaden, die den mühsamen Blick
nach einem Fetzen Himmel ersparen:
Es ist ein dunstfreier Tag

151
Der Koloß des Pan Am Building scheint
die Park Avenue abrupt zu beenden.
Doch der Verkehr fließt links und rechts
vorbei

152–153
Pan Am Building: Mit Hubschrauber-
landeplatz auf dem Dach

154
East Side an der 50. Straße mit dem
Coop Building

155
Midtown-Szenerie

156
m Skulpturengarten des Museum of
Modern Art. Von Architektur bis Fotografie, von Toulouse-Lautrec bis Warhol – kaum ein berühmter Name, der in iesem Museum nicht durch ein Exponat vertreten wäre

157
tahl und Glas als Gestaltungsprinzip:
n der Mitte das Coop Building, rechts
as House of Seagram nach einem
ntwurf von Mies van der Rohe

158
Spiegelungen und Lichtspiele sind die vierte Dimension der New Yorker Hochhausarchitektur

159
Hochhausarchitektur verlangt auch kühnen Gerüstbau

160
Seide aus Fernost, Tweed aus England – im Garment District, dem Geschäftsviertel für Oberbekleidung in der Gegend der 30. Straße

161
Die meisten Cops, die Stadtpolizisten, werden noch immer von der irischen Bevölkerungsgruppe gestellt

162
Vor Geschäftsschluß: Noch hat man Ellenbogenfreiheit im Bus

163
Bei Straßendemonstrationen sind Show und Engagement der Wahlhelfer von Kandidaten der Präsidentschaftsvorwahlen schier unübertrefflich

164
Vor dem Gotham Hotel. Die Chance ist günstig, das Taxi noch zu erwischen

165
Am Madison Square Garden. Auf dem Veranstaltungskalender des »Sportpalastes der Nation« stehen Box- und Leichtathletikkämpfe, Eishockey- und Basketballspiele, aber auch Konzerte und Eislaufrevuen

166
Aus der Küche auf die Straße: Propagandaschlacht zur Befreiung des Hausmanns

167
Manhattan Blues, Solostück für Saxophon, zu spielen an der 50. Straße, Ecke Lexington Avenue

168
Herrschaftliche Haustürtreppen vor alten Apartmenthäusern sind häufig zu sehen

169
Mittagsruhe auf der Park Avenue in Midtown

170
Klarinettenduo. Ein einträgliches Probespiel, denn die New Yorker sind nicht geizig

171
Film- und Fernsehteams sind aus dem Straßenbild New Yorks nicht wegzudenken. In dieser Stadt findet sich immer ein lohnendes Motiv für die Kamera

172
Vor der Public Library in der Fifth Avenue. Hier warten etwa fünf Millionen Bücher auf ihre Leser

174

175

176

177

173–177
Plunder und Preziosen aus den Geschäften von Midtown West

178
Kontrastreich: Stadtlandschaft am Madison Square Garden

179
Westside am Hudson

180
Flat Iron Building an der Kreuzung von Fifth Avenue und Broadway South. »Plätteisen« nennen die New Yorker dieses markante Hochhaus aus dem Jahre 1902

IV
Downtown

189
Kein Zauberdoktor des Voodoo-Kults und auch kein Baghwan aus Fernost. Dieser New Yorker hat sich nur mit einem phantasievollen Gewand verkleidet, wie man es gern bei den vielen Straßenfesten im Sommer trägt

190
Washington Square in Greenwich Village. Hier kommt man zusammen, um miteinander zu spielen. Die Rentner bevorzugen das Kartenspiel, die Jungen machen Musik

191
Irgend jemand hat sein Klavier am Sonntagvormittag auf den Washington Square von Greenwich Village gestellt, klimpert zur Freude aller fröhlich vor sich hin ...

192
Der Polizist als freundlicher, hilfsbereiter Nachbar. Er kennt die Leute seines Viertels

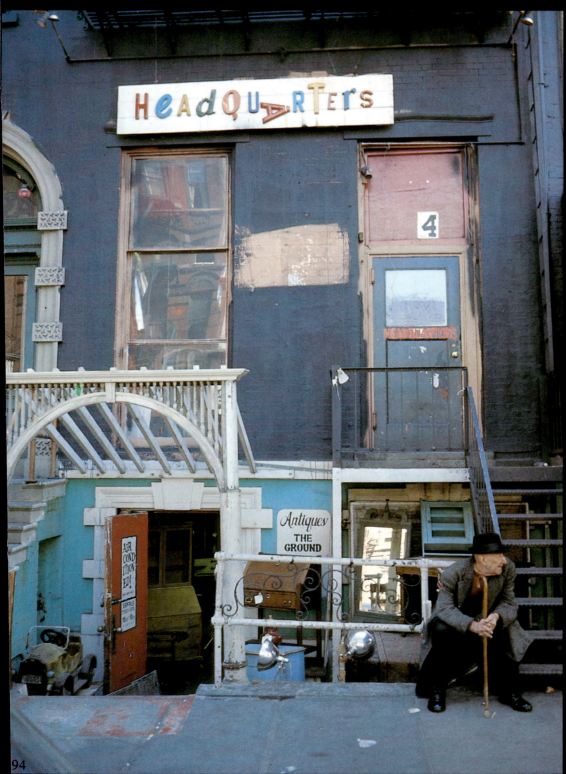

193
Tausende von Künstlern, die vor allem ihres bürgerlichen Zuhauses überdrüssige Teenies zu ihren Bewunderern zählen, haben sich an vielen Ecken der verwinkelten Straßen des Village niedergelassen

194
Für die Alten des Village ist das Leben auf der Straße allemal wichtiger als »TiVi« hinter der geschlossenen Tür

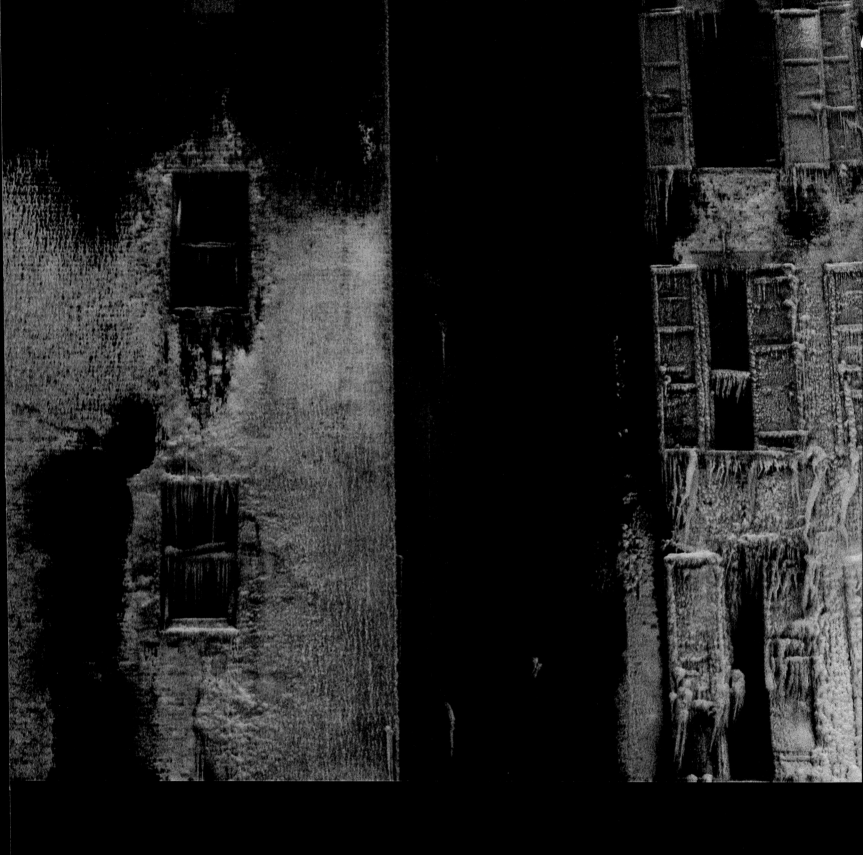

198–201
Nach einem der recht häufigen Häuserbrände in der East Village. Im Winter gefriert das Löschwasser der Feuerwehr in Sekundenschnelle zu Eiszapfen

204
Blick von Greenwich Village nach Südmanhattan

205
Das Welthandelszentrum. In den jeweils 110 Stockwerken der silbern glänzenden Zwillingstürme arbeiten etwa 50 000 Menschen für Banken, Versicherungen, Behörden und Privatunternehmen. Die Postverwaltung hat dem World Trade Center sogar eine eigene Postleitzahl zugeteilt

206
Blick von Süden (Bowery) auf das
Empire State Building

208
Coca-Cola und »Stars and Stripes« – zwei Säulen amerikanischen Selbstverständnisses

209
Das originellste Fotomodell der Stadt verkauft sich im Battery Park gut. Touristen zahlen gern

207
Die Feuertreppe an der Sonnenseite macht einen eigenen Balkon entbehrlich

210

211

212

213

214–215
Brooklyn Bridge überspannt als älteste Brücke den East River. Sie ist die erste mit Stahlseilen gespannte und auf zwei Pfeiler gestützte Hängebrücke und einen Kilometer lang. Sie wurde 1883 eingeweiht

216–219
In der Stadt der Tempel, Räucherstäbchen, Frühlingsrollen und des Jasmintees: Chinatown ist ein geschlossenes Wohngebiet für 15 000 Menschen zwischen Manhattan Bridge und Civic Center. Wenn auch etwa weitere 50 000 Chinesen außerhalb leben, so sehen sie Chinatown mit seinen chinesischen Reklamen, Spezialgeschäften, Apotheken und Telefonhäuschen unter pagodenähnlichen Dächern als »ihr« Viertel an. Über den zahlreichen Straßenläden schwebt der Duft des Fernen Ostens

220
Woolworth Building, ein an gotischen
Stil angelehntes Hochhaus, das mit 240
Metern Höhe noch im Jahre 1913 das
höchste Gebäude der Welt war

221
Reinster amerikanischer Jugendstil mit
reichem Dekor im Woolworth Building

222
City Hall, das von Glockenturm und Justitia-Figur gekrönte Rathaus der Stadt. Hier beginnen die »Ticker Tape Parades«, die großen Konfettiparaden

223
Architektonische Kontraste in South Manhattan. Links das World Trade Center.

226
George Washington als bronzenes Standbild im National Hall Museum in Wall Street, an jener Stelle, wo er als erster Präsident der USA seinen Amtseid ablegte

227
Eingekeilt zwischen den Bankhochhäusern der Wall Street: Trinity Church, eine neugotische Sandsteinkirche

228
Wie ein eigenwilliges Kunstwerk wirken diese mit diversen Plakaten und Bemalungen »verzierten« Häuserwände

229
Nervenzentrum des internationalen Kapitals: New York Stock Exchange, die Börse in der Wall Street

230
In der Upper New York Bay. Manhattan bleibt zurück

Vor- und Nachsatz:
Lichter einer Weltstadt, die auf den Avenues die Nacht zum Tage machen,
Midtown Manhattan

CIP-Kurztitelaufnahme der Deutschen Bibliothek
Jacoby, Hilla:
New York, New York: Portr. e. Weltstadt / photogr. von Hilla u. Max Jacoby.
Mit e. Essay von Thilo Koch. – 1. Aufl. –
Hamburg: Hoffmann und Campe, 1981.
ISBN 3-455-08783-3
NE: Jacoby, Max:; Koch, Thilo:

Copyright © 1981 by Hoffmann und Campe Verlag, Hamburg
Gesamtgestaltung Jan Buchholz und Reni Hinsch
Herstellung Helmut Müller
Gesetzt aus der Cicero Times-Antiqua, Linotron
Satz Alfred Utesch GmbH, Hamburg
Gesamtherstellung Dai Nippon Printing Co., Ltd. Tokyo
Printed in Japan